璀璨
深圳
四十年

南方电网深圳供电局有限公司 编

中国电力出版社
CHINA ELECTRIC POWER PRESS

因为有电，所以温暖；因为有光，所以隽永。

编委会

EDITORIAL BOARD

前言
FOREWORD

"改革开放 40 年，中国最引人注目的实践就是经济特区。全世界超过 4000 个经济特区，头号成功的典范莫过于'深圳奇迹'。"英国《经济学人》杂志这样评价。

回望深圳经济特区建立 40 年，深圳从无到有，从弱到强，从渔火薄田一跃发展成为现代化、国际化大都市，创造了一个又一个令世人瞩目的"奇迹"，作为粤港澳大湾区核心引擎城市，建设中国特色社会主义先行示范区，谱写了新时代的磅礴篇章，生动证明了中国改革开放的伟大与荣光。

深圳，是一把时间的尺子，描绘了一座中国城市的勃勃雄心和奋进信念。

深圳，是一份庄严的任务书，承载了一个国家面对复杂形势爬坡过坎、攻坚克难的坚定信心和顽强意志。

波澜壮阔的 40 年过去了，伴随着深圳特区的大跨越发展，深圳电网也从仅仅依靠燃油发电机发电，成长为全国供电负荷密度最大、供电可靠性领先的超大型城市电网，满足了深圳全社会用电量年平均 23% 的增速。

这既是电力行业的"深圳速度"，更为"深圳奇迹"添上浓墨重彩的一笔！

从先行先试到先行示范，一脉相承，使命相续。也正是"先行先试"积累起来的成功实践、发展成就，让深圳建设中国特色社会主义先行示范区基础深厚、条件成熟，有信心、有能力从"杀出一条血路"走向"闯出一条新路"。

"四十载惊涛拍岸，九万里风鹏正举。"而今，春潮又涌动，扬帆再奋发。

深圳更来电

在今年深圳经济特区建立 40 周年的特殊时刻，我们聚焦这座最具改革开放气质的城市，选择最能体现城市气质的摄影图像，在光影流转间定格城市的灯火璀璨，倾情奉献一流的深圳夜景。

打开这本书，犹如打开一扇了解深圳的窗。透过这扇窗，领略一座年轻城市"敢闯敢试"的精神气质，感受一座活力城市"开放包容"的气度胸怀，明白深圳何以成为实现中华民族伟大复兴的"最佳例证"，展示中国特色社会主义"四个自信"的"最佳窗口"，彰显习近平新时代中国特色社会主义思想磅礴力量的"最佳示范"。

深圳，因改革开放而生，因改革开放而兴。在这座城市改革开放的进程中，电力工业始终与它同行、与时代共进，并实现了跨越式发展。源源不竭的电力，为每一次乘风破浪加油，为每一个梦想的实现助力。

《璀璨深圳四十年》由南方电网深圳供电局有限公司编撰。本书从"璀璨深圳夜未眠""电力点燃梦想奇迹""电力串联五湖四海""电力筑起温馨家园""电力之光生生不息"五个章节，勾勒出一个光芒四射、充满活力的"夜深圳"，生动记录了四十年时代大潮中深圳翻天覆地的变化，也记录了璀璨夜景背后，一位位普通供电人工作的瞬间。我们希望通过这本书，让人们了解"来电"背后的故事，了解为梦想拼搏、努力的每一位可爱的人，以及这座城市。

目录
CONTENTS

璀璨四十年 深圳

璀璨深圳 夜未眠

每当夜幕降临，华灯初上之时，

深圳，这座梦幻般的不夜城，中国现代化进程中的传奇，

开始变得流光溢彩，

无数的高楼大厦灯光亮起、璀璨夺目。

凝望夜空，40 年前那些岁月的片段与细节，

已经渐渐隐没在时光中，而那些在时光中写就的闪亮歌句，

却仍在眼前的楼宇间传扬，激越且辽远。

40 年来的历史片段与细节，都幻化成眼前这一座具象的繁华都市。

璀璨的夜，总是愿意把它全部的能量，

以一种喷薄而出的姿态，在太阳转过身去的夜间闪耀绽放。

这就是深圳，那么美，那么壮观和宏伟。如此，令人兴奋。

深圳十二时辰

深圳福田 CBD 建筑群

梁冬青 摄

在福田 CBD，一场盛大的灯光秀正在上演。
文字、灯光、影像闪耀在中心区 43 栋高楼串联成的"巨幕"上，
为人们呈现一场视听盛宴。

◎ 深圳中轴线俯瞰

📍 深圳市民中心

"大鹏一日同风起，扶摇直上九万里。"

璀璨国贸

◎ 深圳国贸大厦

梁冬青　摄

深南溢彩

◎ 深南大道

深圳湾畔的"水滴"剧院

⚲ 深圳保利剧院

"穿越时空的隧道"

◎ 深圳湾大街

水晶之光耀鹏城

⊙ 深圳大运中心

14

夜色下的陆上行舟

◎ 海上世界明华轮

深圳湾建筑群

龚强 摄

一路风景 过山连海 沟通深港

⊙ 夜色中的深圳湾跨海大桥

通往世界的水上"桥梁"

◎ 暮色中的盐田港

前海远眺

作为国务院国资委"双百行动"试点单位中唯一的供电企业，

南方电网深圳供电局有限公司持续深化改革，

提炼出可复制推广的"前海经验"，

有效发挥示范引领作用。

龚强 摄

璀璨
四十年
深圳

创新之都

电力点燃梦想奇迹

科技创新，是推动城市发展的内在动力。

深圳经济的主体是创新经济，发展模式也是创新模式。

深圳的创新是全面的，既包括产业创新、科技创新，也包括理念创新、文化创新。

伴随着深圳改革创新的步伐，

华为、平安、腾讯、华星光电、比亚迪、大疆创新等一大批优秀企业崛起，

向世人展示了这座改革开放之城的创新力量与开拓精神。

一个个关于创新的梦想聚沙成塔，昭示着一座创新之城面向未来的远大抱负。

有一束光，有一种能量，在他们崛起的背后，坚定又从容，

助力他们书写奇迹，演绎扣人心弦的深圳故事。

实践永无止境，创新永不止步。

科技之城

深圳没有悠闲的树叶，
只有开花的梦想。

通宵亮灯的腾讯大厦，
是照亮科技园区的灯塔。
这座城，
承载小公司的渴望，
收获大企业的荣光。

随着深圳总部经济的崛起，
阿里中心来了，百度国际总部也来了。
2019 年世界 500 强中，
平安、华为、正威、恒大、招商银行、腾讯、万科
七家位于深圳。

腾讯滨海大厦

龚强 摄

无人机的"天空之城"

成为"创投之都",

是深圳的理想,

现在,这个理想正在一步步成为现实。

" 这座城市是把想法变成产品的最佳试验场。 "

📍 大疆深圳欢乐海岸旗舰店

后海夜景

刘辉　摄

深圳供电以"为客户创造价值"的服务理念，
累计为华为等 95 家企业提供电能质量相关服务，
每年为客户减少经济损失约 8000 万元。

📍 京基 100

即便是下班时间，
福田中心区的写字楼里依然有不少办公室亮着灯，
那是勤奋的人们在为梦想打拼。
◎ 深圳平安国际金融中心

波光倒影中的"创客之城"

◉ 中国华润大厦

龚强 摄

2016 年，全国双创活动周在深圳举行，
"大众创业、万众创新"的理念在深圳全城绽放。
2019 年《"大众创业、万众创新"研究报告》显示，
深圳的创新指数位列粤港澳大湾区各城市首位。

一丝不苟做好"双创周"保供电

每一步操作都认真细致、不容有误

黄志伟　摄

37

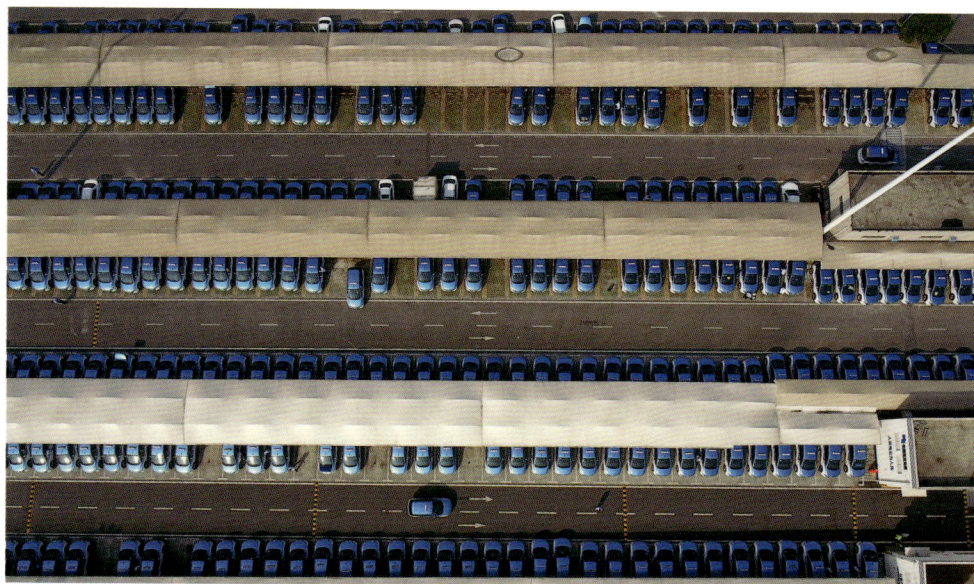

新能源助力深圳成为建设绿色可持续发展的先锋 | 黄志伟　摄

📍 全球最大充电站——民乐 P+R 充电站

每天可为近 5000 辆电动汽车提供服务，

做绿色出行的坚强后盾，

助力深圳成为全球首个公交车、出租车全面电动化的城市。

城市"动脉"定期"体检"（上）/ 地下守护者（下） | 皮昊书　摄

◎ 深圳福田中心区

璀璨

四十年

深圳

开放之城

电力串联五湖四海

"种好梧桐树，引得凤凰来。"

深圳，不只是深圳，是每一个怀揣梦想的奋斗者的家。

这是一座因人才而兴、因人才而盛的新城，始终吸引人才、呵护人才。

"来了就是深圳人。"

这是这座闪闪发光的城市给每个来深圳寻梦的人最大的归属感。

"深圳不是你的故乡，却是你梦想的主场。"

这里的每个人，都是一个水滴，汇聚在一起，就改变了潮水的方向。

源源不断的电力，以开放包容的姿态，做梦想的支撑者。

◎ 深圳宝安国际机场

梦开始的地方。

从当年的绿皮火车到如今的高铁动车、飞机、口岸，

往来进出的，

多是南下寻梦人。

宝安国际机场 T3 航站楼，

外形像一只名叫"蝠鲼"（谐音"福分"）的海鱼，

又像一只准备开启一段美妙飞行旅程的大鸟。

整个建筑白天照明完全取自日光，

包裹着建筑的双层蜂巢结构，让自然光照射进来，更绿色也更环保。

📍 深圳宝安国际机场鸟瞰

◉ 广深沿江高速

龚强　摄

最美高速

这里是沿江高速的出口，

守卫在此的，

是中国第一条，

也是目前距离最长的海上输电线路。

"海上长城" │许飞龙　摄

📍 220 千伏前平甲乙线

暮色中的赤湾港

梁冬青　摄

◎ 蛇口工业区

潘锐之　摄

时光荏苒 四十不惑

重新出发的蛇口工业区

晨曦中的盐田港

梁冬青　摄

南方电网深圳供电局有限公司推动港口岸电改造，

打造绿色清洁港口用能新模式。

灯火通明的盐田港｜林宇先　摄

服务港口岸电工程，助力打造"绿色港湾"｜黄志伟　摄

川流不息的"光之桥"

飞架的立交联通四方，夜晚的深圳畅通无阻。

路灯、车灯，汇成一条川流不息的"光之桥"，

伴随着城市发展的脚步永不停歇。

◎ 深圳罗湖区黄木岗立交桥
龚强 摄

"电亮"城市脉搏

助力深汕特别合作区建设

📍 深汕合作区深汕大道

俯瞰深汕合作区街景

夜色下的创业广场

夜晚的鲘门高铁站

确保春运期间供电状况良好

覃爽、张贵、王彦心 摄

深圳湾后海建筑群

深圳市灯光环境管理中心　供图

◎ 深圳湾人才公园

龚强 摄

"深"爱人才，"圳"等你来。

皮昊书 摄

深圳福田中心区高可靠性示范区攻坚梦之队正在对福田区 3000 千米电缆、300 余千米电缆通道开展普查，

从无到有采集基础数据，搭建系统平台。

他们打造了一张"看不见"的网，

保障了城市 99.99996% 的高可靠性供电。

璀璨四十年 深圳

宜居之地

电力筑起温馨家园

夜幕降临，华灯初上。

我们居住的城市如此美好。

在这流光溢彩的画卷背后，是一张安全、可靠、绿色、高效的智能电网。

我们一直陪伴左右，把光明与温暖洒向千家万户。

为每一个被牵挂的夜归人点亮一盏守候的灯光，

为这座青春之城注入实现梦想的力量。

千万深圳人的相遇，千万束光的汇聚，让这座城市闪闪发光。

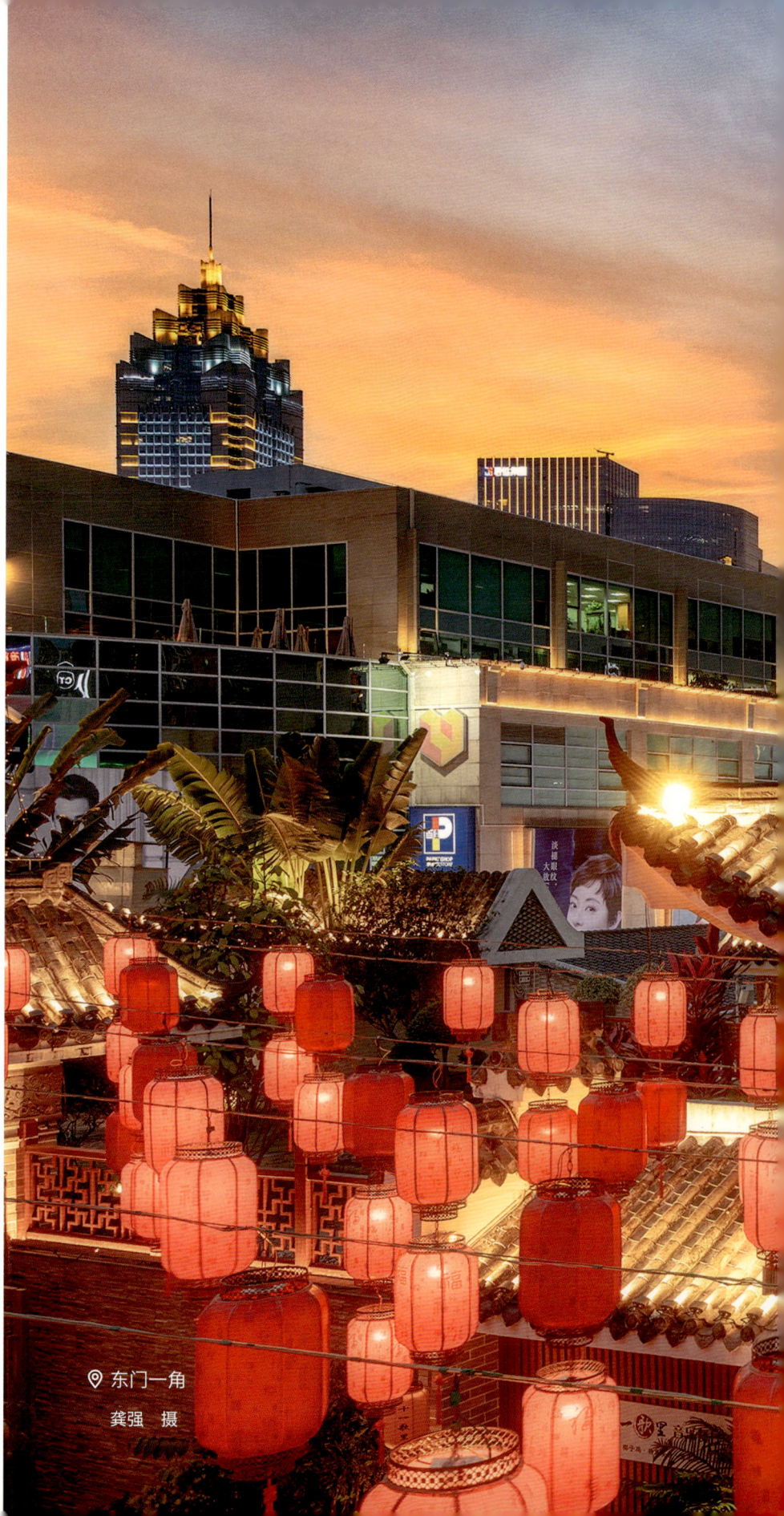

即便整个城市都沉入黑夜，

总有一盏灯为你点亮，

为你守候，

照亮你回家的路。

📍 东门一角

龚强 摄

夜幕低垂，华灯初上。

忙碌了一天的人们纷纷走上街头，散步、聊天、会友，

在灯火霓虹中驻足，在璀璨光影中流连，

尽情享受夜晚的精彩与美好。

📍 东门街头

陈喆　摄

友谊酒店
FRIENDSHIP HOTEL

3.15m

○ 从闹市中穿梭而过的"和谐号"

陈喆 摄

波光倒映下的欢乐海岸

吴昊 摄

欢乐灯会景一│曹建英　摄

欢乐灯会景二│邹碧雄　摄

深圳市直属机关工委"走进供电"足球联谊赛

黄志伟　摄

深圳的夜，是静谧的，也是欢动的。

换个角度更有爱

📍 深圳湾人才公园

"设计之都"

◎ 大梅沙海滨公园

◉ 深圳湾海滨栈道

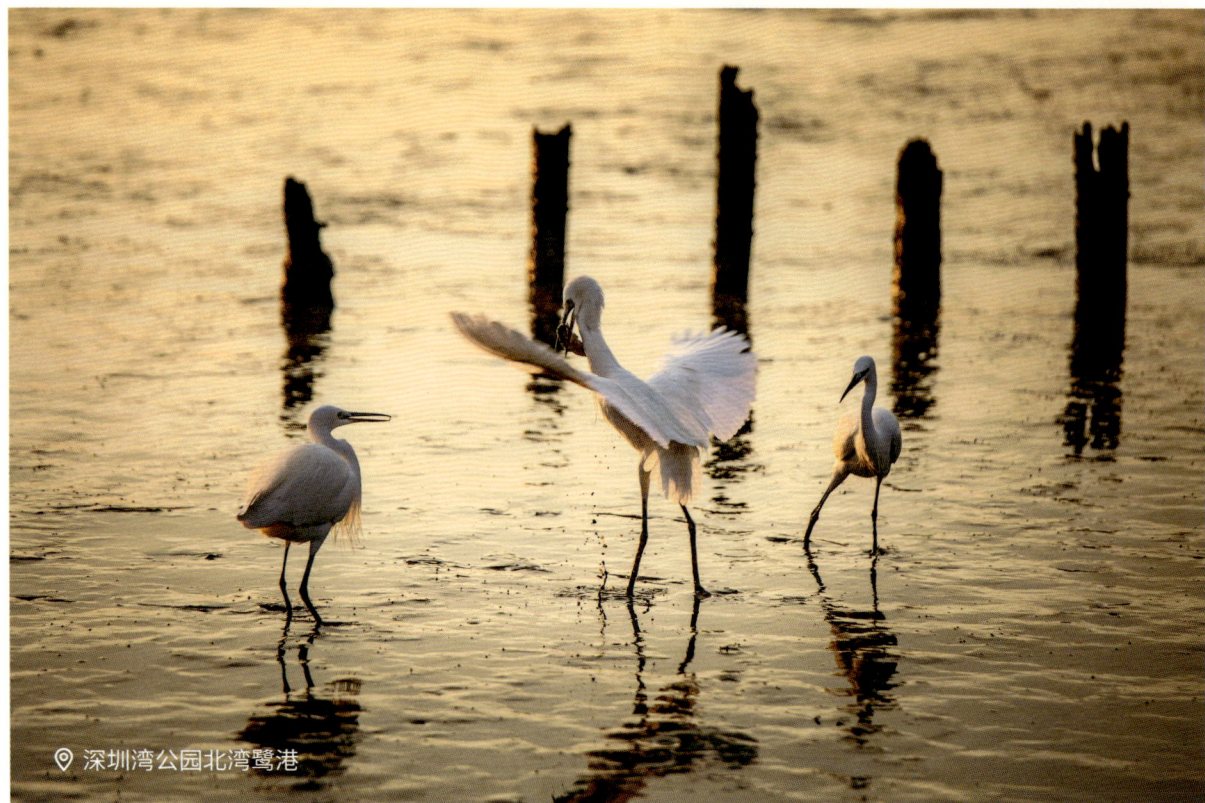

◉ 深圳湾公园北湾鹭港

在深圳的另一边，
沿着深圳湾栈道海岸长廊行走，
海面碧波荡漾，
海岸红树林逶迤。
海天之间，
候鸟翔集，畅意舒适。

微风拂来，湖面泛起涟漪，

倒映着夜之光华。

远处的楼群，

在夜幕下流光溢彩。

◎ 深圳湾人才公园

林宇先 摄

"金树银树" 艺术花开

深圳音乐厅的金树大厅和对面深圳图书馆的银树大厅遥遥相望，
架起一座艺术的桥梁。

大隐于市的"城市桃源"

深圳是个不夜城。

除了马路上通宵不停奔驰的汽车，

酒吧里迷醉到天亮的音乐，

还有 24 小时书吧永不熄灭的灯光。

文化是城市的气质，

让城市因热爱读书而受人尊重。

◎ 深圳图书馆

全球最大的艺术书墙——雅昌艺术中心

蔡泽香 摄

滨河大道

梁冬青 摄

"灯火万家城四畔，星河一道水中央。"

经过 40 年的跨越式发展，

深圳电网供电量从 1979 年的 0.33 亿千瓦时提升到 2019 年的 938 亿千瓦时，

增长了 2842 倍，

为深圳城市发展提供了优质的电力保障，

注入了源源不断的发展动力。

📍深圳罗湖区夜景

世界之窗

邓国晖　摄

世界之窗的"世界之聚"

世界大学生运动会历史上唯一一次在体育场外举行露天闭幕式，
因为有了电力人的"上天入地"，让这"唯一"的记忆更难忘深刻。

站得越高，看得越清 | 许飞龙　摄

深入地下，看得更细 | 胡强　摄

"电力十足"的春晚舞台

2019 年中央电视台春节联欢晚会深圳分会场
呈现了令人精彩难忘的"深圳七分钟",
充分展现了深圳改革开放创新的城市气质。
为保障春晚节目录制期间的安全可靠供电,
供电人正在做最后细致的检查。

最后一刻也不放松│黄志伟　摄

热闹背后的静静守候│裴璐　摄

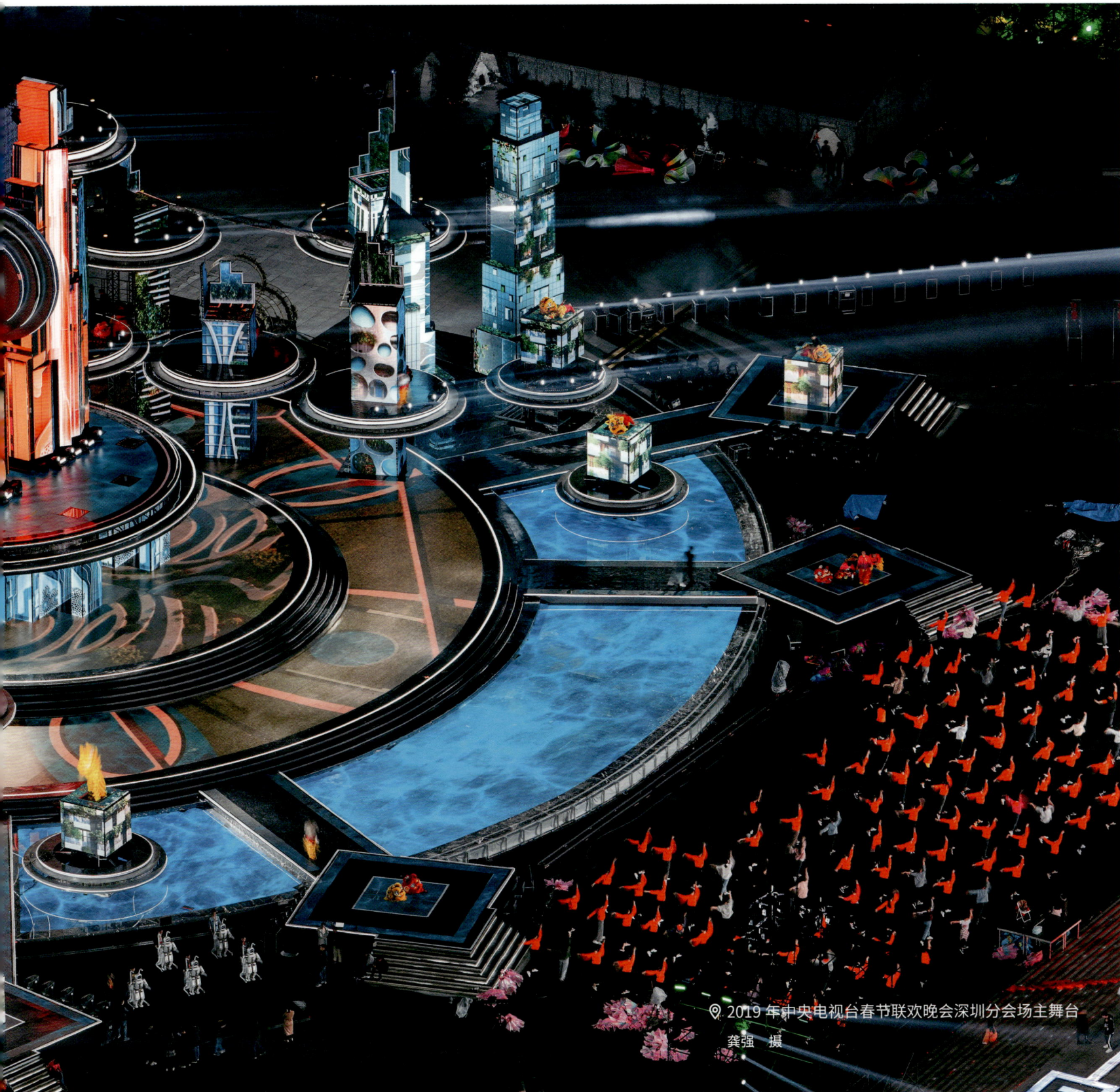

◎ 2019 年中央电视台春节联欢晚会深圳分会场主舞台
龚强 摄

夜色中的深圳体育中心｜梁冬青　摄

每一个现场我们都一丝不苟，认真对待。

篮球世界杯保供电现场

📍 深圳湾体育中心

"全球最大会客厅"亮灯前的最后检查

📍 深圳国际会展中心

黄志伟　摄

温暖回家路

忙碌一整年，温暖归家路，

除了志愿者，还有电力人。

春运期间，电力青年化身志愿者协助旅客出行，

站好春运回家路的最后一班岗。

冬日暖阳 "义" 起回家

春运保电

黄志伟　摄

精准扶贫，小康路上一个不少

南方电网深圳供电局有限公司自 2016 年起，

精准帮扶紫金县瓦溪镇四联村，

累计投入扶贫资金超千万元，

建成蔬菜基地、光伏发电、文化广场、村道 LED 路灯等项目，

助力四联村在 2019 年率先实现贫困村出列、全部贫困人口脱贫。

四联村 LED 路灯项目，开夜车时再也不怕黑了

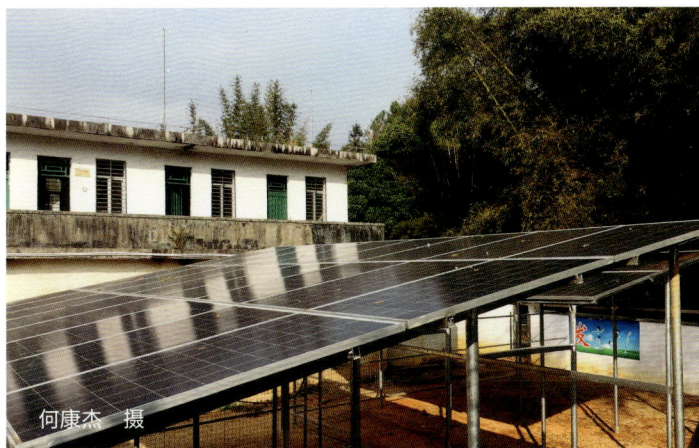

四联村光伏扶贫项目，每一度都是爱

扶贫干部许飞龙与村民喜迎蔬菜丰收

扶贫干部何康杰兴奋地展示扶贫基地的水果玉米

璀璨 四十年 深圳

万家灯火

电力之光生生不息

四十年不间断的努力，我们与深圳特区携手成长、休戚与共。

打破人与人、人与城市之间的隔阂，沟通联络。

四十年过去了，还有更多的四十年。

我们的深情不曾也不会减退。

伟大的背后，是点滴贡献的累积；

光亮世界的背后，是每一个努力输送电力的人。

以电，以光，汇聚成时光之河。

用心守候鹏城，用爱点亮梦想。

璀璨之光，生生不息。

万家灯火，南网情深。

滇西北至广东 ±800 千伏特高压直流工程

国务院保证经济"稳增长"的重点工程，

西起云南大理，东至广东深圳，横跨云南、贵州、广西、广东四省区，全长 1953 公里。

该线路每年可向广东输送电量约 200 亿千瓦时，有效缓解珠三角地区环境压力，

减少煤炭消耗 640 万吨、二氧化碳排放量 1600 万吨、二氧化硫排放量 12.3 万吨。

李品 摄

灯火璀璨的东方换流站（西电东送受端站）｜李品　摄

万家灯火的背后，

是跨越千里、翻山越岭的如约而至。

东方换流站"心脏"阀厅设备｜李品　摄

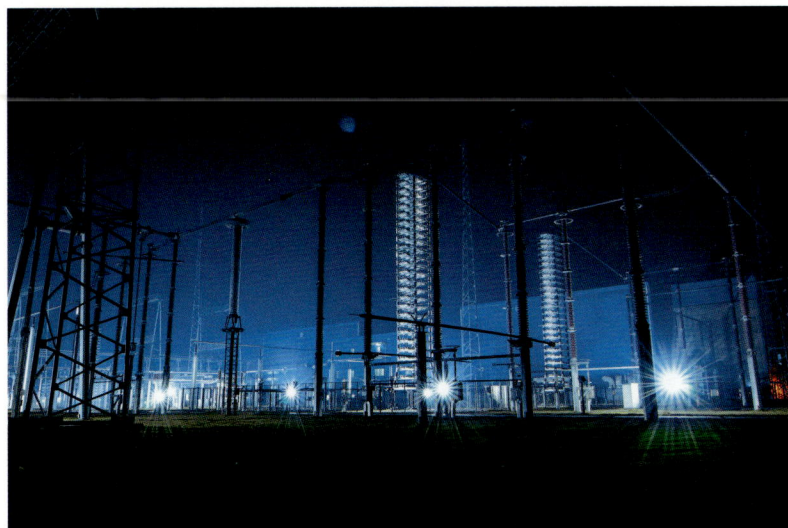

夜色中的宝安换流站（深圳受端站）｜蒋智宇　摄

2017 年，

香港回归 20 周年；

2018 年，

35 年来对深影响最大的台风"山竹"；

2019 年，

中华人民共和国成立 70 周年

……

每一个重要的时刻，

电力人都在守护。

香港回归 20 周年特级保供电，电力人员仔细查勘电力设备运行情况

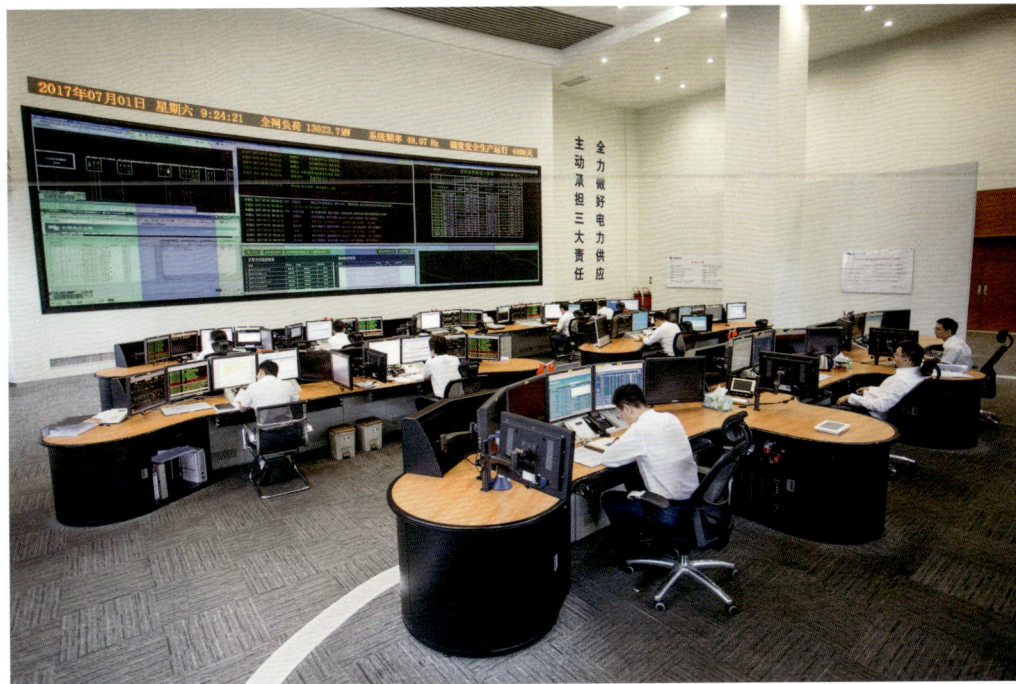

保供电值班中的电力调度中心

砍倒"拦路虎",我们继续前行 | 黄志伟 摄

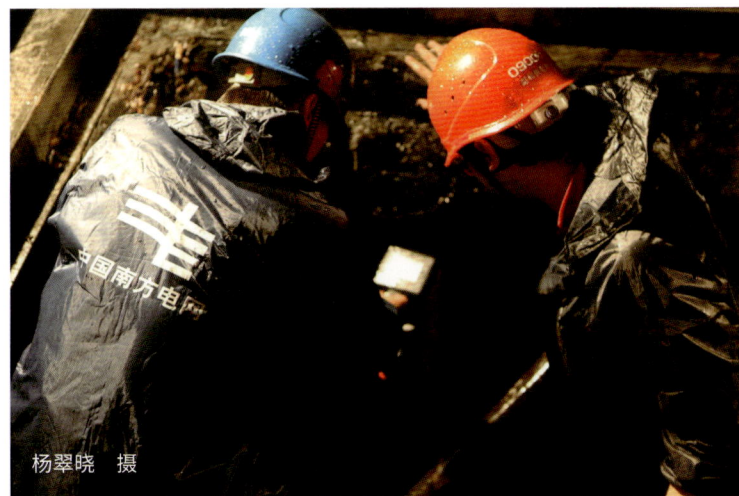
杨翠晓　摄

"台风退一步，我们进一步"

对抗 35 年来对深圳影响最大的台风"山竹"，

我们只有一个信念：

我们是电力工人，

电力供应是我们的职责，

抢修复电是我们的技能，

快速复电是我们的信念！

黄志伟　摄

黄志伟　摄

供电人抗击台风实录

庆祝中华人民共和国成立 70 周年特级保电现场｜黄志伟　摄

全力以赴，众志成城，
确保国庆供电万无一失。

庆祝中华人民共和国成立 70 周年特级保电现场 | 崔锦 摄

📍 深圳湾公园

2020 年，注定是不平凡的一年。

面对新型冠状病毒疫情防控的严峻形势，

作为国内最大的移民城市、人口和经济大市，

深圳经受着防疫大考。

电力，作为保障城市正常运转的"生命线"，

夜以继日，为生命而战，誓将"两难"变"两全"。

15 天，21600 分钟，深圳供电人以生命的名义，

争分夺秒为深圳市第三人民医院 1000 个新增救治床位送去光明。

这，就是深圳速度！

深圳供电抗疫群像｜陈瑜　摄

"举全局之力，与时间赛跑！"

黄志伟 摄

黄志伟 摄

陈瑜 摄

" 我们做好电力保障，就是对前方医护人员的最大支持。 "

夜巡（上）/ 守护者（中）/ 探路者（下）│夏燕莉　摄

梧桐山上的守望 | 黄志伟　摄

高空走线进行中 | 许飞龙　摄

电网编织者

沈浩 摄

"欲与天公试比高" ｜黄志伟　摄

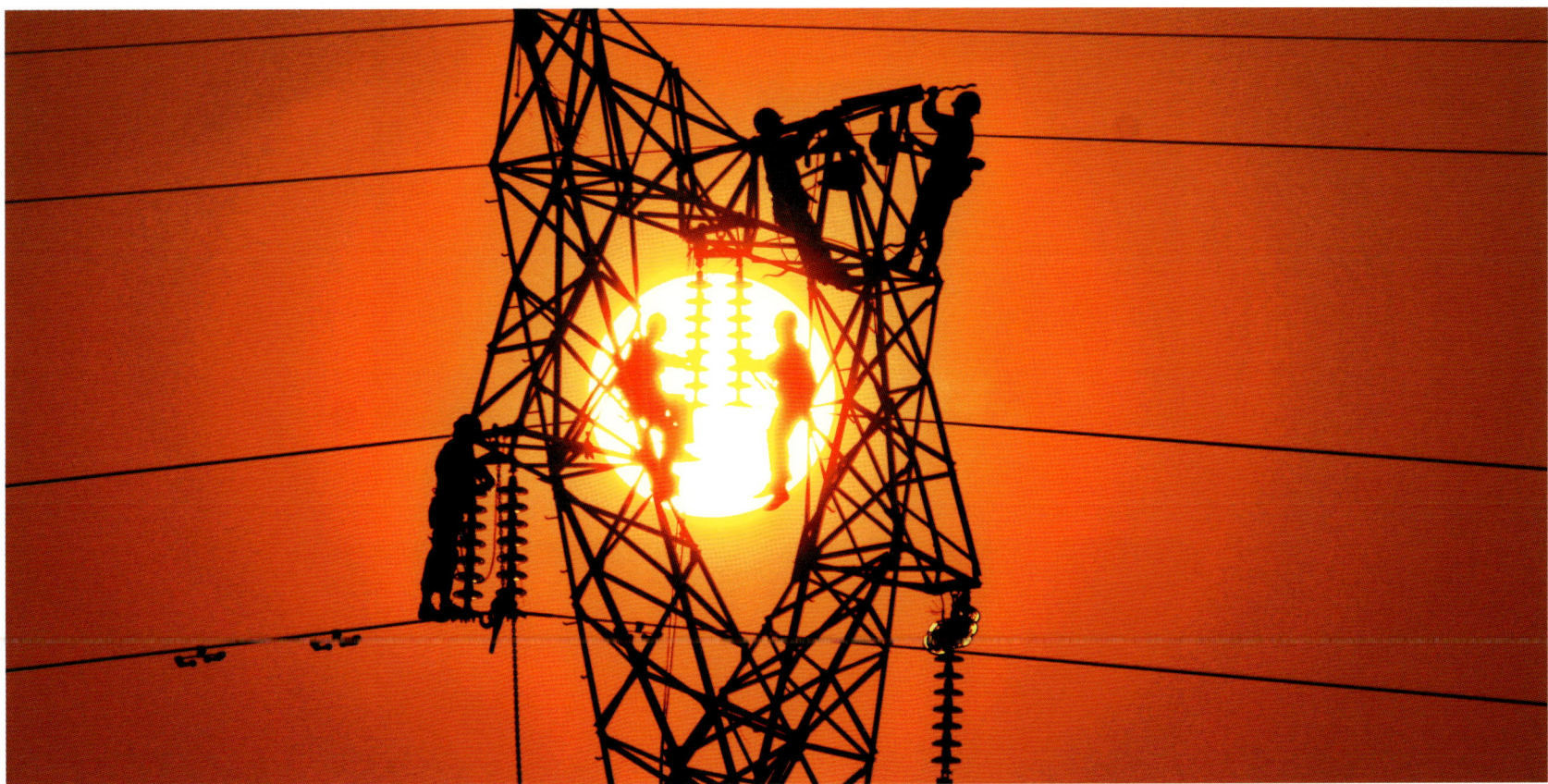

夕阳下，供电员工抓紧时间抢修电网 ｜ 谢有庆　摄

隧道"三剑客" ｜胡强　摄

守护"地下长城" ｜李家　摄

夕阳下的电力人

皮昊书　摄

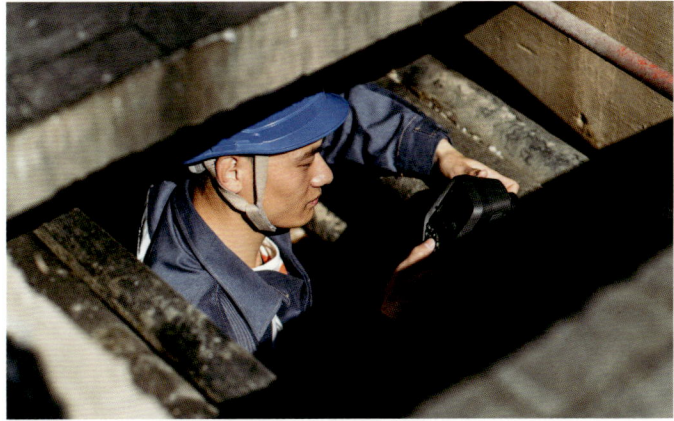

电力群像 | 皮昊书　摄

行人们纷纷拿出手机拍照，

伴随着音乐热情起舞。

这就是深圳，

年轻而富有活力。

以光和电，敬四十年。

《不是南方电网人，你也会被戳中……》｜南网 50Hz

《亮着的每一幢摩天大楼都在说：深圳，生日快乐！》｜电 funny

《滋滋，滋滋，这可能是全中国最带电的故事》｜电 funny

图书在版编目（CIP）数据

璀璨深圳四十年／南方电网深圳供电局有限公司编 . —北京：中国电力出版社，
2020.7
ISBN 978-7-5198-4804-0

Ⅰ . ①璀…　Ⅱ . ①中…　Ⅲ . ①电力工业—工业企业—概况—深圳—画册
Ⅳ . ① F426.61-64

中国版本图书馆 CIP 数据核字（2020）第 117653 号

出版发行：中国电力出版社
地　　址：北京市东城区北京站西街 19 号（邮政编码 100005）
网　　址：http：//www.cepp.sgcc.com.cn
责任编辑：杨　扬　（y-y@sgcc.com.cn）
责任校对：王小鹏
版式设计：锋尚设计
责任印制：杨晓东

印　　刷：北京雅昌艺术印刷有限公司
版　　次：2020 年 7 月第一版
印　　次：2020 年 7 月北京第一次印刷
开　　本：889 毫米 ×1194 毫米　12 开本
印　　张：11.5
字　　数：497 千字
定　　价：158.00 元